CB051043

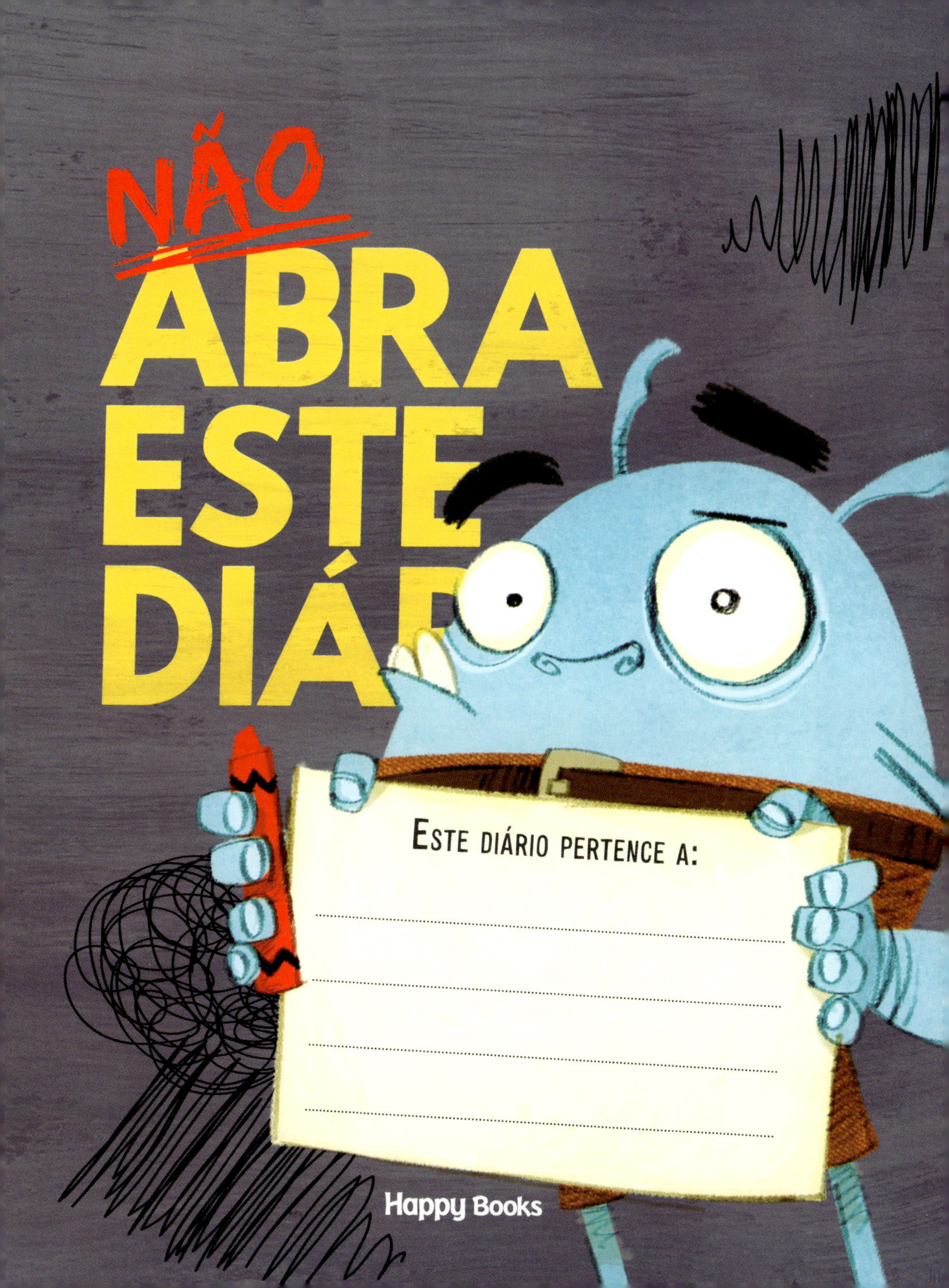
NÃO
ABRA
ESTE
DIÁR
ESTE DIÁRIO PERTENCE A:
Happy Books

Como guardar seus segredos neste diário:

- Quando você usar a caneta mágica, nada vai aparecer no papel. Porém, a tinta é revelada quando iluminada com a luz inclusa na tampa. Seus segredos estarão guardados de qualquer curioso que quiser espiar o que está escrito.
- Após escrever em seu diário, lembre-se de trancar a fechadura e guardar a chave em local seguro.
- Se desejar, você também pode escrever no diário com qualquer caneta ou lápis de sua preferência e utilizar a caneta mágica apenas para os segredos mais importantes a serem guardados.

Teste a caneta mágica aqui:

____

____

____

NÃO
ABRA
ESTE
DIÁ
Happy Books

ÍNDICE

NÃO LEIA!

Ah! Você abriu o diário. Eu deixei as chaves no cadeado? Falha minha!
Mas, se você não se importa... este diário é PAR-TI-CU-LAR! Sinta-se à vontade para fechá-lo – AGORA!

MEUS DETALHES PESSOAIS

NEM PENSE EM PREENCHER ISSO!

NOME: ....

NOME(S) DO MEIO: ....

SOBRENOME: ....

IDADE: ....

ANIVERSÁRIO: ....

ENDEREÇO: ....

....

....

BAIRRO: ....

CEP: ....

PAÍS: ....

TELEFONE: ....

E-MAIL: ....

....

UMA FOTO MINHA
EI, ISSO NÃO SE PARECE COMIGO!

UM POUCO MAIS SOBRE MIM

Cor dos olhos: ....

Cor do cabelo: ....

Comprimento do cabelo:

☐ Curto ☐ Na altura dos ombros ☐ Longo

Altura: ....

Apelido(s): ....

....

Por que eu ganhei esse(s) apelido(s): ....

....

....

....

As pessoas me dizem que eu pareço: ....

Por que: ....

....

....

Minha primeira lembrança:

Espera aí...
o que você está fazendo?
Por que você virou
a página?

POR FAVOR,
PARE!

MINHA FAMÍLIA DIVERTIDA

OS NOMES DOS MEUS PAIS SÃO: ....

....

A MELHOR COISA SOBRE ELES É: ....

....

A COISA MAIS CHATA SOBRE ELE É:

....

....

EU TENHO ☐ IRMÃOS E ☐ IRMÃS.

OS NOMES DELES SÃO:	AS IDADES DELES SÃO:
....	....
....	....
....	....

AS **PIORES** COISAS SOBRE ELES SÃO: ....

....

....

....

....

As MELHORES coisas sobre eles são:...

...

...

...

Meu parente mais velho é:...

A coisa mais INCRÍVEL sobre ele é:...

...

...

Meu parente favorito é:...

Ele é o mais legal porque:...

...

...

Nós sempre jantamos:

☐ Em frente à TV ☐ Outro...

☐ Na mesa de jantar

☐ Onde quer que tenhamos espaço

Nós temos ☐ animais de estimação, chamados...

...

UM DESENHO DA MINHA FAMÍLIA

ENTÃO, EU ESTOU TENTANDO SER GENTIL, MAS VOCÊ ENTENDEU TUDO ERRADO. ESTE ESPAÇO DEVERIA SER PARA UM RETRATO DA MINHA FAMÍLIA, NÃO DA SUA!
NOSSA MELHOR TRADIÇÃO FAMILIAR É:

MEU MELHOR AMIGO & EU

O nome do meu melhor amigo é: ....

O apelido dele é: ....

O apelido dele quer dizer: ....

....

Ele é o meu melhor amigo porque: ....

....

....

....

....

....

Quando saímos, nós geralmente: ....

....

....

....

....

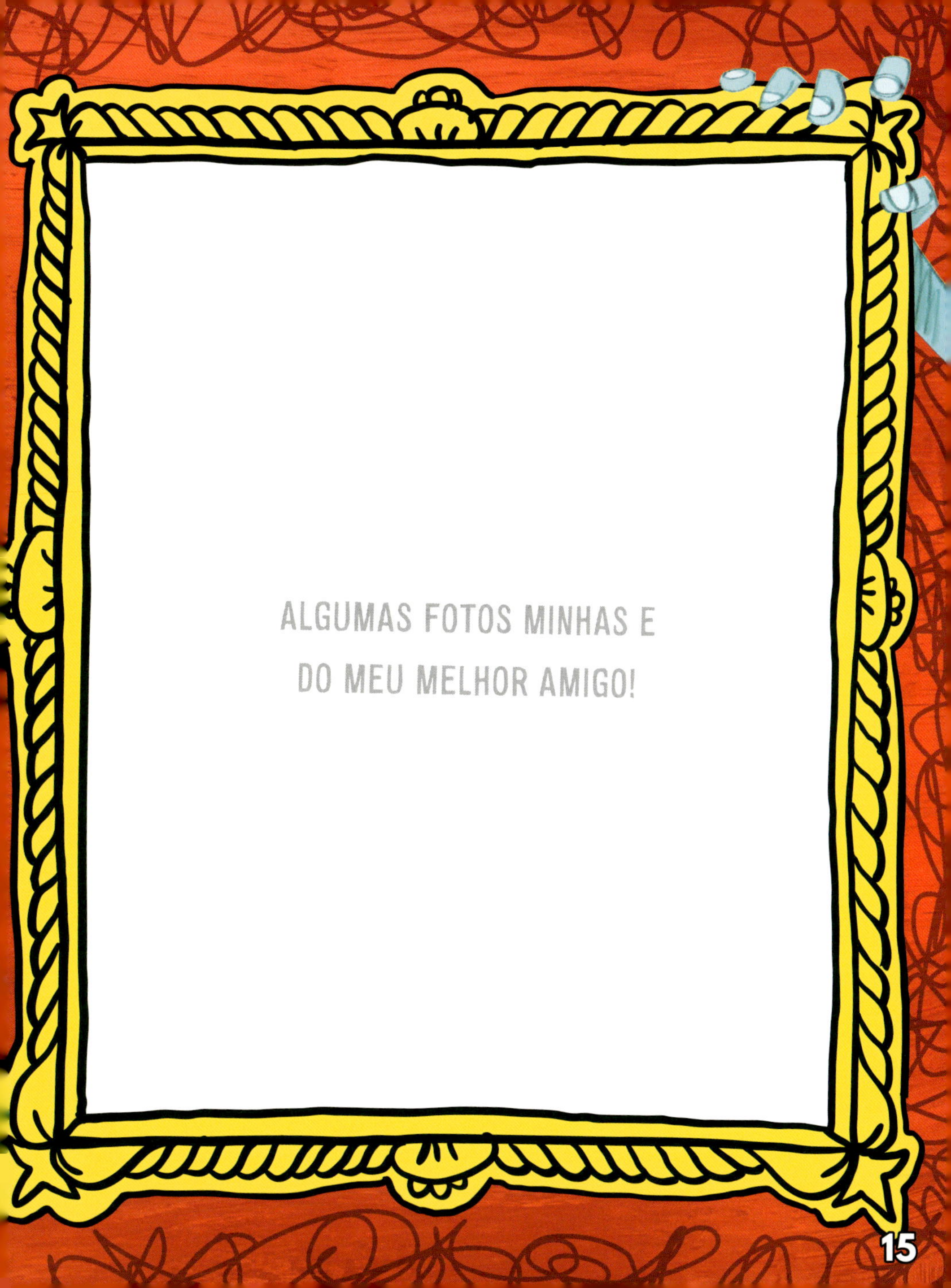
ALGUMAS FOTOS MINHAS E
DO MEU MELHOR AMIGO!

REGRAS DA MINHA ESCOLA!

NOME DA MINHA ESCOLA:

....

....

ENDEREÇO DA MINHA ESCOLA:

....

....

MINHA MATÉRIA FAVORITA: ....

EU A ADORO PORQUE: ....

....

....

MATÉRIA EM QUE SOU O MELHOR: ....

EU A ADORO PORQUE: ....

....

MINHA MATÉRIA MENOS FAVORITA: ....

EU NÃO GOSTO DELA PORQUE: ....

....

....

Se eu pudesse estudar qualquer assunto em todo o mundo, seria: ....

Meu professor favorito: ....

Ele é o melhor professor de todos os tempos porque: ....

Meu melhor amigo na escola é: ....

Você simplesmente não entende!!! Isso deveria ser sobre a MINHA ESCOLA!

No recreio, meus amigos e eu geralmente: ....

MINHAS FOTOS FAVORITAS

COLE
A FOTO
AQUI!
COLE
A FOTO
AQUI!
COLE
A FOTO
AQUI!
QUEM SÃO ESSAS PESSOAS? EU NÃO QUERO FOTOS DELAS NO MEU DIÁRIO!

MEUS MELHORES & PIORES

OS MELHORES

Cor: ....

Esporte: ....

Livro: ....

Programa de TV: ....

Filme: ....

Ator: ....

Personalidade: ....

Música: ....

Banda/músico: ....

Instrumento: ....

Comida: ....

Bebida: ....

Roupas: ....

OS PIORES

Cor: ....

Esporte: ....

Livro: ....

Programa de TV: ....

Filme: ....

Ator: ....

Personalidade: ....

Música: ....

Banda/músico: ....

Instrumento: ....

Comida: ....

Bebida: ....

Roupas: ....

OS MELHORES

ANIMAL: ....

HORA DO DIA: ....

SUPER-HERÓI: ....

JOGO DE COMPUTADOR: ....

COISA PARA FAZER NO FIM DE SEMANA: ....

....

COISA PARA FAZER DENTRO DE CASA: ....

COISA PARA FAZER FORA DE CASA: ....

CHEIRO: ....

PIADA: ....

....

....

....

ESTAÇÃO DO ANO: ....

DIA DA SEMANA: ....

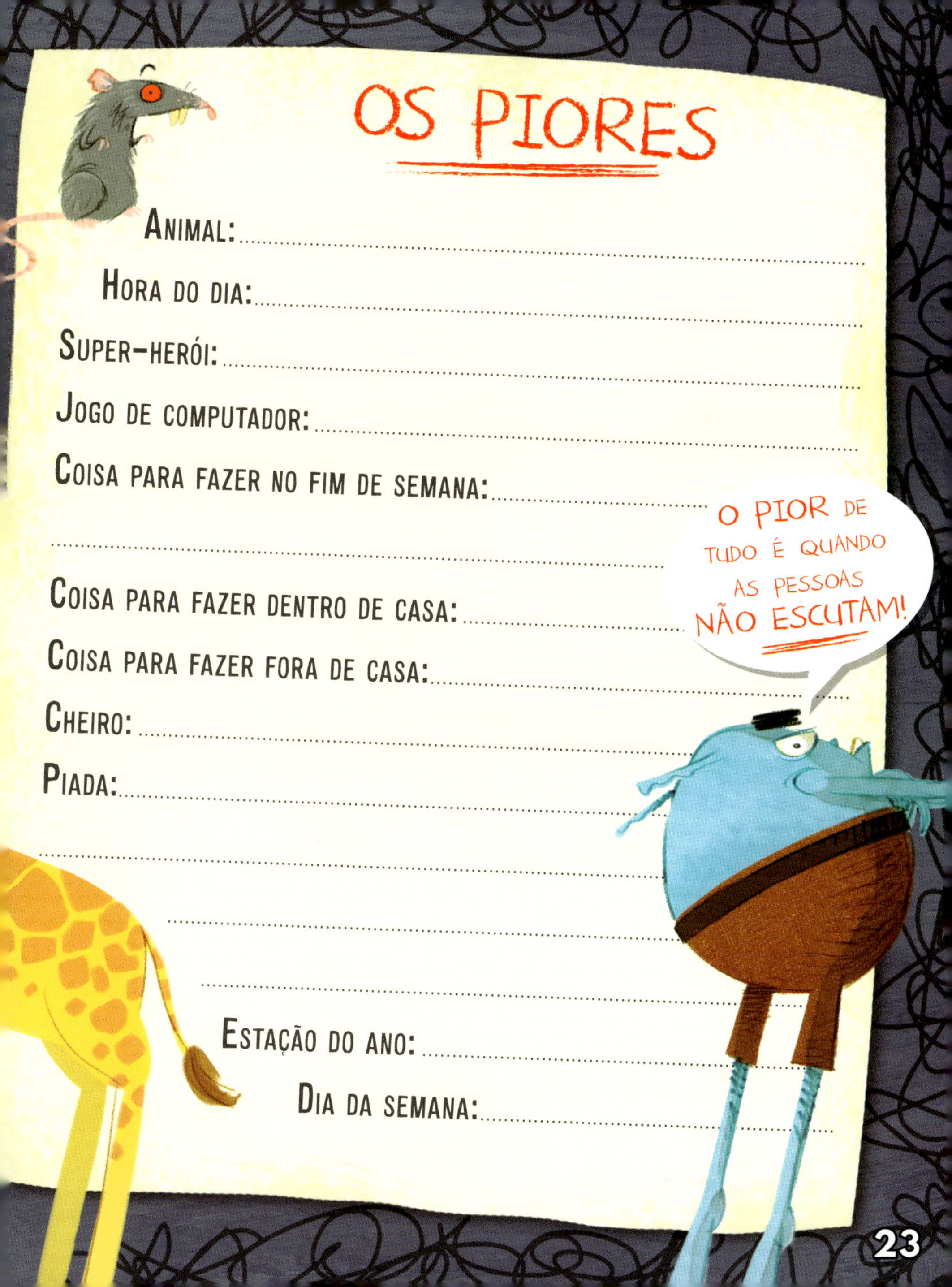

OS PIORES

ANIMAL: ....

HORA DO DIA: ....

SUPER-HERÓI: ....

JOGO DE COMPUTADOR: ....

COISA PARA FAZER NO FIM DE SEMANA: ....

....

COISA PARA FAZER DENTRO DE CASA: ....

COISA PARA FAZER FORA DE CASA: ....

CHEIRO: ....

PIADA: ....

....

....

....

ESTAÇÃO DO ANO: ....

DIA DA SEMANA: ....

QUANDO EU CRESCER...

MEU EMPREGO DOS SONHOS É:

....

PROVADOR DE CHOCOLATE PROFISSIONAL

ESTE É O MEU EMPREGO DOS SONHOS PORQUE:

....

....

....

....

AS HABILIDADES QUE PRECISO SÃO:

....

....

....

SE EU NÃO PUDER CONSEGUIR O EMPREGO DOS MEUS SONHOS, EU GOSTARIA DE:

....

O PIOR EMPREGO DE TODOS SERIA:

....

UM DESENHO DE MIM MESMO
NO EMPREGO DOS MEUS SONHOS.

PREMIAÇÕES

ESTE PRÊMIO VAI PARA

....

POR SER O

MELHOR AMIGO

DO MUNDO.

ESTE PRÊMIO VAI PARA

....

POR SOLTAR O

PUM MAIS FEDORENTO

DO MUNDO.

ESTE PRÊMIO VAI PARA

....

POR SER A

PESSOA MAIS AVENTUREIRA

DO MUNDO.

ESTE PRÊMIO VAI PARA

....

POR SER A

PESSOA MAIS BONDOSA

DO MUNDO.

ESTE PRÊMIO VAI PARA

....

POR SER O

MAIS INTELIGENTE.

ESTE PRÊMIO VAI PARA

....

POR CONTAR A

PIADA MAIS ENGRAÇADA

DO MUNDO.

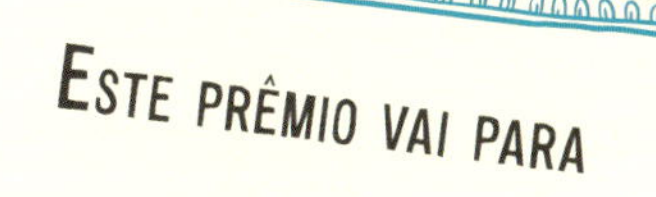

ESTE PRÊMIO VAI PARA

....

POR SER O

Melhor Artista

DO MUNDO.

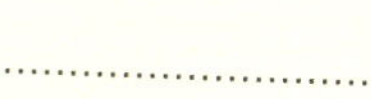

ESTE PRÊMIO VAI PARA

....

POR TER A

VOZ MAIS TALENTOSA.

ESTE PRÊMIO VAI PARA

....

POR SER O

MAIS BREGA

DO MUNDO.

ESTE PRÊMIO VAI PARA

....

POR SER A

PESSOA MAIS DESPORTIVA.

ESTE PRÊMIO VAI PARA

....

POR SER O

Gato Mais Legal

DO MUNDO.

E O PRÊMIO DE O MAIS TEIMOSO VAI PARA... VOCÊ. IMAGINEI!!!

MEUS "DEZ MELHORES"

Estas são as **DEZ MELHORES** coisas que eu gosto sobre mim.

1. ....
2. ....
3. ....
4. ....
5. ....
6. ....
7. ....
8. ....
9. ....
10. ....

Estas são as **DEZ MELHORES** guloseimas que eu gosto de comer

1. ....
2. ....
3. ....
4. ....

5. ....

6. ....

7. ....

8. ....

9. ....

10. ....

DEFINITIVAMENTE, ESCUTAR NÃO É UMA DELAS!

Estas são as **DEZ MELHORES** coisas que eu gosto de fazer.

1. ....

2. ....

3. ....

4. ....

5. ....

6. ....

7. ....

8. ....

9. ....

10. ....

TALENTOS & HABILIDADES

Coisas esquisitas que eu consigo fazer e que ninguém mais consegue:

É melhor você acrescentar "escutar" à esta lista!!!

Habilidades que preciso desenvolver:

Eu consigo tocar meus dedos dos pés sem dobrar minhas pernas...

☐ Sim, eu consigo! ☐ Preciso de um pouco mais de prática!

Eu consigo tocar meu nariz com a língua...

☐ Sim, eu consigo! ☐ Preciso de um pouco mais de prática!

Eu consigo ficar vesgo...

☐ Sim, eu consigo! ☐ Preciso de um pouco mais de prática!

Eu consigo dizer o alfabeto de trás para frente...

☐ Sim, eu consigo! ☐ Preciso de um pouco mais de prática!

Eu consigo contar até 50 em uma respiração...

☐ Sim, eu consigo! ☐ Preciso de um pouco mais de prática!

Eu consigo dar uma cambalhota...

☐ Sim, eu consigo! ☐ Preciso de um pouco mais de prática!

Eu consigo dar tapinhas na minha cabeça enquanto faço círculos na minha barriga...

☐ Sim, eu consigo! ☐ Preciso de um pouco mais de prática!

Eu consigo enrolar minha língua para dentro...

☐ Sim, eu consigo! ☐ Preciso de um pouco mais de prática!

SHHH... SEGREDOS!

MEU DESEJO **SECRETO** É:

....

....

....

....

MEU MAIOR **SEGREDO**, QUE EU NUNCA VOU CONTAR É:

....

....

....

....

MEU SONHO **SECRETO** PARA O FUTURO É:

....

....

....

....

ISSO É **TÃO SECRETO** QUE EU NÃO POSSO ARRISCAR ESCREVER.
ESTE DESENHO VAI ME LEMBRAR!

SHHH... MAIS SEGREDOS!

MEU PROGRAMA **SECRETO** DE **TV** FAVORITO É:

....

....

MEU FILME **SECRETO** FAVORITO É:

....

....

MINHA MÚSICA **SECRETA** FAVORITA É:

....

....

MEU CANTOR/BANDA **SECRETA** FAVORITA É:

....

....

MEU HOBBY **SECRETO** FAVORITO É:

....

....

MINHA GULOSEIMA **SECRETA** FAVORITA É:

....

....

MEU HÁBITO **SECRETO** FAVORITO É:

....

....

MINHA HISTÓRIA MAIS EMBARAÇOSA, QUE EU QUERO MANTER EM SEGREDO É:

BEM, AGORA NÃO ESPERE QUE EU AJUDE A MANTER ESSES SEGREDOS!

MEUS COLECIONÁVEIS

COLE INGRESSOS E LEMBRANÇAS COLECIONÁVEIS AQUI!

INGRESSO

MEUS SUPER-HERÓIS

A PESSOA QUE MAIS ME INSPIRA:

....

....

ESTA PESSOA SERIA O MENTOR PERFEITO PORQUE:

....

....

....

....

....

....

....

VOCÊ NÃO PODE SIMPLESMENTE APRENDER COMIGO?

EU GOSTARIA DE APRENDER ESTAS COISAS COM ELE:

....

....

....

....

....

....

....

....

....

....

....

....

....

TIPO: COMO CUIDAR DA SUA PRÓPRIA VIDA!

EIS AQUI UMA LISTA DAS **CINCO PRINCIPAIS** PESSOAS QUE ME INSPIRAM:

1. ....

PORQUE ....

....

2. ....

PORQUE ....

....

3. ....

PORQUE ....

....

4. ....

PORQUE ....

....

5. ....

PORQUE ....

....

....

CITAÇÕES PARA INSPIRAR

LABIRINTO!

NÃO COMECE AQUI!
VOCÊ PODE ENCONTRAR O CAMINHO PARA SAIR?
DENTRO
FORA

ou AQUI!
DENTRO
FORA

MINHA MÚSICA FAVORITA...

MEU ESTILO DE MÚSICA FAVORITO É:

OS CANTORES E BANDAS QUE EU MAIS GOSTO INCLUEM:

BEETHOVEN

MINHA MÚSICA FAVORITA CHAMA-SE:

EU ADORO ESSA MÚSICA PORQUE:

Estas são as minhas letras de músicas favoritas:

"FE-E-ECHE
ESTE
DIÁAAAARIO!!!
Sim, sim!
Apenas FE-E-ECHE o
DIÁAAAARIO!!!
Ó, SIM, BABY!
FECHE!"

EU SOU UM POPSTAR...

A LETRA PARA MINHA MÚSICA ESTOURAR NAS PARADAS DE SUCESSO:

UM DESENHO MEU COMO POPSTAR.

EU SOU UM INVENTOR!

EU GOSTARIA DE INVENTAR: ....

....

....

EU CHAMARIA A INVENÇÃO DE: ....

....

AQUI ESTÃO **CINCO** COISAS QUE ESSA INVENÇÃO PODE FAZER:

1. ....
2. ....
3. ....
4. ....
5. ....

ELA SERIA FEITA DE: ....

....

....

....

EI, EU SOU
O CARA COM O
VERDADEIRO TALENTO
AQUI!

EIS AQUI UM ESQUEMA DA MINHA INVENÇÃO:

MELHORES FÉRIAS DE TODOS OS TEMPOS

A DATA DAS MINHAS MELHORES FÉRIAS DE TODOS OS TEMPOS: ....

NÓS FOMOS PARA: ....

....

NÓS VIAJAMOS PARA LÁ DE: ....

....

AS PESSOAS COM QUEM EU COMPARTILHEI ESSAS FÉRIAS INCLUEM:

....

....

DEZ COISAS INCRÍVEIS QUE EU QUERO ME LEMBRAR SOBRE ESSAS FÉRIAS:

1. ....

....

2. ....

....

3. ....

....

4. ....

....

5. ....

....

6. ....

....

7. ....

....

COLE A FOTO AQUI.

ESTA É UMA FOTO DE:

8. ....

....

9. ....

....

10. ....

....

11. ....

....

12. ....

....

FOTOS FAVORITAS DAS FÉRIAS

COLE A FOTO AQUI.

Esta é uma foto de:

COLE A FOTO AQUI.

Esta é uma foto de:

COLE A FOTO AQUI.

Esta é uma foto de:

COLE A FOTO AQUI.
ESTA É UMA FOTO DE:
COLE A FOTO AQUI.
ESTA É UMA FOTO DE:
COLE A FOTO AQUI.
ESTA É UMA FOTO DE:
COLE A FOTO AQUI.
ESTA É UMA FOTO DE:

MEUS ESPORTES FAVORITOS

O ESPORTE QUE EU **MAIS** AMO:

....

OUTROS ESPORTES QUE EU APRECIO BASTANTE SÃO:

1. ....
2. ....
3. ....
4. ....
5. ....

OS ESPORTISTAS QUE EU ADMIRO:	ELES SÃO INCRÍVEIS EM:
1.	....
2.	....
3.	....
4.	....
5.	....

MEU DESTAQUE ESPORTIVO:

ADICIONE
O SEU NOME
À PLACA!

MEUS PASSATEMPOS FAVORITOS

MEU PASSATEMPO **FAVORITO** É:

....

OUTRAS COISAS QUE EU ADORO FAZER INCLUEM:

1. ....
2. ....
3. ....
4. ....
5. ....

EU SOU MUITO BOM EM:

1. ....
2. ....
3. ....
4. ....
5. ....

EU PRECISO PRATICAR:

....

....

....

....

....

SE EU PUDESSE TENTAR QUALQUER COISA NO MUNDO, ADORARIA TENTAR:

....

....

....

COISAS QUE EU PRECISARIA APRENDER:

....

....

....

COISAS QUE EU PRECISARIA TER:

....

....

....

O QUE EU GOSTARIA DE FAZER DEPOIS DE DOMINAR ISSO:

....

....

....

....

MELHORES PIADAS DE TODOS OS TEMPOS

VOCÊ ACHA
ISSO ENGRAÇADO?
VOCÊ ESTÁ ME MATANDO!!!

MINHA LISTA DE GRATIDÃO

CINCO COISAS NA MINHA VIDA PELAS QUAIS EU SOU GRATO:

1. ....

2. ....

3. ....

4. ....

5. ....

ALGUÉM A QUEM EU GOSTARIA DE AGRADECER ESPECIALMENTE É:

....

PORQUE: ....

....

....

....

....

....

....

Outra pessoa a quem eu gostaria de agradecer especialmente é:

....

Porque: ....

....

....

....

Outro a quem eu gostaria de agradecer especialmente é:

....

Porque: ....

....

....

....

O último a quem eu gostaria de agradecer especialmente é:

....

Porque: ....

....

....

....

Data: ....

Data: ....

Data: ....

Data: ....

Data: ....

Data: ....

Data: ....

Data: ....

Data: ....

Data: ....

Data: ....

Data: ....

Data: ....

Data: ....

Data: ....

Data: ....

Data: ....

Data: ....

Data: ....

Data: ....

Data: ....

Data: ....

Data: ....

Data: ....

Data: ....

Data: ....

Data: ....

Data: ....

Data: ....

Data: ....

Data: ....

Data: ....

Data: ....

UM ÚLTIMO PENSAMENTO

Então, é isso! Já vai tarde... Acho que vou procurar outro diário.

Não acredito que isso aconteceu comigo novamente!